CITÉS OUVRIÈRES.

DES

MODIFICATIONS A INTRODUIRE

DANS

L'ARCHITECTURE DES VILLES

PAR

CHARLES FOURIER.

(Extrait de la PHALANGE, REVUE DE LA SCIENCE SOCIALE.)

Prix : 30 centimes.

PARIS
A LA LIBRAIRIE PHALANSTÉRIENNE,
Quai Voltaire, 25, vis-à-vis le Pont-National.

1849

AVERTISSEMENT DES ÉDITEURS.

Quelque soit l'ouvrage de Fourier que l'on lise, il est nécessaire d'avoir une idée nette sur sa manière d'envisager le mouvement des sociétés humaines. Loin de faire table rase du passé, comme l'ont prétendu certains polémistes qui n'ont jamais lu ses écrits, il en tient au contraire grand compte ; il suit pas à pas le mouvement progressif qui, de l'état sauvage, a amené une partie de l'humanité à l'état civilisé, où se trouve aujourd'hui l'Europe, et après lequel elle doit arriver, suivant lui, à un état plus perfectionné et plus heureux.

Fourier a divisé le passé historique en cinq grandes périodes ; il a assigné à chacune d'elles des caractères spéciaux qui doivent aider à déterminer d'une manière aussi précise que possible à laquelle appartient tel moment, telle phase, de la vie d'un peuple.

Voici ces cinq périodes :

Première période. EDEN ou Paradis terrestre. — C'est le premier moment de la création de l'Humanité. Son histoire est perdue ou restée enveloppée dans les symboles obscurs des traditions et des livres sacrés. Dans cette période, l'humanité devait jouir d'un bonheur assez étendu, s'il faut en croire les souvenirs confus et les regrets qu'elle a laissés. Après la *chute*, dont les causes sont encore indéterminées, l'humanité se trouve dans un état inférieur appelé Sauvagerie.

Deuxième période. SAUVAGERIE.

Troisième période. PATRIARCHAT. — Le Patriarchat est un progrès sur l'état sauvage ; il comporte les cultures, le soin des troupeaux, une certaine industrie.

Quatrième période. BARBARIE. — La tribu ou le clan est remplacé par la nation ; les villes, les empires se forment, l'industrie augmente; des relations plus étendues s'établissent tant à l'intérieur qu'à l'extérieur.

Cinquième période. CIVILISATION. — Les mœurs s'adoucissent, les arts se perfectionnent, l'industrie prend d'immenses développements.

Après avoir assigné les caractères spéciaux qui distinguent chacune des cinq périodes, et avoir démontré qu'elles ont sans cesse tendu à s'engendrer l'une l'autre, Fourier se demande si l'humanité doit rester dans la cinquième appelée Civilisation. Il ne le croit pas, et il cherche à déterminer quelles seraient les périodes supérieures, ou, autrement dit, quels seraient les moyens de s'élever à un état plus parfait.

Il indique tout d'abord trois autres périodes.

Sixième période. GARANTISME. — Sous ce nom de Garantisme, il trace tout un ensemble d'institutions d'où ressortirait une solidarité plus complète entre les membres de la société, telles que banques, comptoirs communaux, asiles ruraux, associations de ménages dans les villes, etc.

AVERTISSEMENT DES ÉDITEURS.

Septième période. **ASSOCIATION SIMPLE** ou *Sérisophie.*

Huitième période. **ASSOCIATION COMPOSÉE** ou *Harmonie.* — Dans ces deux périodes le principe de l'association se généralise et s'étend de plus en plus ; elles comprennent à des degrés divers ce que Fourier appelle le *Phalanstère*, ou commune intégralement associée.

D'après Fourier, la huitième période doit être suivie d'un autre série d'évolutions dont il n'a lui-même tracé que des esquisses très-rapides et que nous pouvons complètement négliger.

Les *associations de ménages*, ou comme on dit aujourd'hui *les cités ouvrières*, appartiennent à la 6ᵉ période ou Garantisme ; elles sont en dehors du cadre de la période Civilisation, et si on les généralisait, elles mèneraient promptement à cette sixième période, d'autant plus que tous les esprits sont actuellement tournés à des fondations de 6ᵉ période, comme les banques d'état, les entrepôts généraux, les assurances, etc.

Ces explications nous semblent suffisantes pour faire comprendre ces deux mots *Civilisation* et *Garantisme* qui reviennent fort souvent dans le petit écrit de Fourier que nous publions aujourd'hui, et qui a été composé par lui vers 1820, pour le faire entrer dans le grand traité de la *Théorie de l'unité universelle*.

Elles pourront faire comprendre aussi que lorsque Fourier indique telle ou telle mesure à prendre, il ne le fait point suivant son caprice : il ne dicte pas et n'a pas la prétention de dicter des lois. Il calcule, il prévoit, et il indique le résultat de ses calculs et de ses prévisions. Aussi commet-on dans le public une grossière erreur lorsqu'on dit : « Les choses se passent au Phalanstère de telle manière parce que Fourier l'a dit. » Nullement. Fourier a cherché et a trouvé, nous le croyons, les lois de l'association ; il ne les a pas forgées de lui-même, pas plus que Newton n'a forgé les lois de l'attraction matérielle. Lors donc qu'il décrit le Phalanstère, ou qu'il détaille une institution de 6ᵉ ou 7ᵉ période, il ne fait que déduire les conséquences des principes qu'il croit avoir constatés. Ses principes sont-ils justes ? Les conséquences, toutes les conséquences déduites par lui, sont-elles justes ? Là est la question : l'expérience est chargée de la vérification.

Il est nécessaire de dire encore quelques mots sur une autre expression de Fourier. Dans le petit traité qui suit, il parle des 12 droits de l'homme, et des 12 garanties à leur donner. Ici par les 12 droits de l'Homme, et les 12 garanties, il entend les droits et la garantie de développement des 12 passions qui, selon lui, forment les caractères *radicaux* de l'homme. Ce sont les 5 passions *sensitives* : Ouïe, vue, odorat, goût et tact ;

Les quatre passions *affectives* : Amitié, Ambition, Amour, Familisme ;

Et ce qu'il appelle les 3 passions *distributives* ou mécanisantes, Papillone, ou besoin de variété, Cabaliste ou besoin d'intrigue, et Composite ou besoin d'enthousiasme.

La 13ᵉ passion foyère est l'*Unitéisme* qui comprend les 12 premières, comme le rayon blanc comprend les rayons colorés.

De ces 12 passions et de leur combinaison sortent toutes les autres passions.

Nous ne pouvons, on le comprend, entrer ici dans d'autres explications sur ce sujet qui aurait besoin de longs développements. Il nous suffit d'avoir indiqué le motif de la nomenclature de ces 12 droits de l'homme, qui correspondent aux 12 passions radicales constituant tout être humain, et pour lesquels dans l'écrit suivant, Fourier indique quelques garanties à établir en sixième période.

DES

MODIFICATIONS A INTRODUIRE

DANS

L'ARCHITECTURE DES VILLES.

SOMMAIRE.

CHAPITRE PREMIER.

CHANCE BIZARRE ET MAGNIFIQUE OFFERTE AUX PHILOSOPHES PAR LA PÉRIODE DE GARANTISME.

En descendant de la 7ᵉ période, Sérisophie, à la 6ᵉ, Garantisme, nous approchons de la Civilisation, qui est 5ᵉ échelon. Nous voilà sous les murs de la forteresse, et nous allons lui donner l'assaut, la confondre, en lui montrant le bien que ses philosophes auraient pu faire sans génie inventif, sans sortir des usages civilisés, tels que le simple mariage permanent, la culture incohérente, la fourberie protégée, l'adultère toléré ; ils pouvaient, sans s'écarter de ces coutumes révérées, arriver à la métamorphose sociale, sans inventer la série passionnelle, mais seulement un petit germe que je nommerai *Tribu simple*, et dont le gros bon sens aurait suffi à dicter les dispositions, si nos savants eussent eu quelque désir sincère de mettre un terme aux misères des peuples.

Ici plus que jamais nous devons reproduire la thèse des 7 fléaux à extirper, savoir :

1. Indigence ; 2. fourberie ; 3. oppression ; 4. carnage méthodique ;
5. Excès climatériques ; 6. venins morbifiques ; 7. obscurité dogmatique :
DUPLICISME UNIVERSEL.

Quelle tâche que de traiter à la fois tant de plaies, quand on songe que depuis 3000 ans la philosophie s'escrime sur une seule des 7, sur l'indigence, qu'elle nomme opprobre éternel des sociétés civilisées! Pourquoi ne pas avouer les 7 opprobres ? N'est-ce pas encore une ruse de métier que de s'apitoyer sans relâche sur un des 7 fléaux, pour cacher qu'il en est 6 autres non moins rebelles, sur lesquels la science échoue aussi honteusement que sur le 7e, qu'elle avoue être l'écueil de son pauvre génie.

Comme on ne peut pas guérir l'un des maux sans les autres, je ne traiterai pas d'un seul, mais de tous, et je ne donnerai que des moyens de cure applicables à tous ensemble, et pour ne parler que des deux premiers, indigence et fourberie, déclarons à la philosophie que si elle veut sérieusement extirper et prévenir l'indigence, elle ne peut obtenir ce résultat qu'en abandonnant ses bien-aimés les agioteurs et accapareurs, et en spéculant sur un régime de vérité commerciale, dont le premier effet serait de congédier tout ce troupeau mercantile, bourses et courtiers, agioteurs, accapareurs, usuriers, banquiers, etc. ; bref, pour échapper aux 7 fléaux, il faut se décider à sortir de la Civilisation, puisqu'il est avéré qu'elle les traîne tous à sa suite.

Sortir de la Civilisation !!! quel blasphème, selon les perfectibiliseurs de Civilisation perfectible, sortir de l'indigence, de la fourberie, de l'oppression et du carnage! Tout serait perdu ! vont-ils s'écrier.—Mais, que veulent-ils ? Rester en Civilisation avec des fourbes, des mendiants, des conscriptions, et des bourreaux ? — Non, répliquent-ils, nous voudrions rester civilisés et pouvoir extirper tous les caractères inhérents à la Civilisation.—C'est-à-dire que vous voudriez être civilisés de nom, et ne pas l'être d'effet. Voilà, sans doute, la prétention la plus ridicule ; mais, tout absurde qu'elle est, j'y souscris, et je vais vous donner le moyen de passer au Garantisme sans cesser d'être civilisés. Expliquons cette prétendue contradiction.

La période 6, Garantisme, est lymbe ambiguë, c'est-à-dire qu'elle amalgame tellement les caractères d'harmonie et de subversion, qu'on ne peut la ranger dans aucune des deux classes ; elle n'a pas la propriété de l'ordre mixte qui, tout en participant de 2 classes, tient un rang distinct entre elles. C'est un caméléon social prenant, tantôt l'une, tantôt l'autre couleur, selon les aspects divers; ainsi, une renoncule glacée sera rouge, bordée de jaune, si on l'envisage de droite; jaune, bordée de rouge, si on l'envisage de gauche; c'est pourtant la même fleur dans l'un et l'autre aspect, comme le taffetas glacé ou changeant, qui est de deux nuances et n'est d'aucune.

Cette faculté d'ambigu, attribuée à la période Garantisme, ouvre ici une belle carrière d'accommodement avec la philosophie. Je lui ai fait la guerre dès la 1re page de ce chapitre; nous pouvons faire la paix à la 2e page, car la lymbe ambiguë, dite Garantisme, sera, si l'on veut, un renversement de la Civilisation, ou, si l'on veut, une Civilisation perfectibilisée. J'ai fait observer qu'elle s'amalgame avec nos coutumes les plus protégées, avec le mariage permanent, l'adultère toléré, le ménage simple et la culture incohérente; en conservant toutes ces coutumes, elle ne sera guères plus éloignée de la Civilisation actuelle que celle-ci ne l'est de la Civilisation grecque et romaine, qui admettait l'esclavage, la répudiation, le concubinage, le sérail, l'infanticide, l'orgie ou bacchanale religieuse, les sacrifices de victimes humaines, la vente des prisonniers et le massacre légal, les naumachies, la procession du Phallus, et tant d'autres coutumes aussi éloignées de nos mœurs actuelles que la Civilisation présente l'est du Garantisme, dont je vais donner la théorie.

Or, si deux sociétés aussi contradictoires que la Civilisation antique et la moderne sont toutes deux en faveur près de la philosophie, elle peut bien, sans se compromettre et sans déroger à son titre de science ambiguë, accorder protection au Garantisme, en le considérant comme 3e Civilisation, faisant suite d'échelle à l'antique et à la moderne.

Je n'aime point du tout ces accords ambigus, et il me déplaît fort de proposer pareil accord aux philosophes; mais c'est chose forcée, c'est règle de mouvement, et je ferais une faute grossière si je manquais à arborer pavillon ambigu en traitant des lymbes ambiguës, 6e et 27e périodes. Je vais donc remplir la tâche, tout en déclarant que j'aimerais mieux continuer franchement la guerre aux philosophes, comme je l'ai fait jusqu'à présent; mais si, dans un traité de 6e période, je négligeais de leur ménager constamment l'option de paix ou de guerre, ils seraient en droit de m'accuser d'ignorance sur une des principales lois du mouvement qu'il faut ici expliquer bien franchement.

La philosophie et la théologie, comme sciences ennemies de l'attraction, sont essentiellement ennemies de Dieu, distributeur de l'attraction. Dieu a bien prévu que sur tous les globes, dans leurs âges de lymbe obscure antérieure, on verrait s'accréditer ces sectes ennemies des passions, et qui doivent tomber devant le code passionnel. Dieu, en ennemi généreux, a ménagé à ces sectes une capitulation aussi honorable que brillante, en ce qu'elle assurera à chacun des vaincus une fortune pécuniaire colossale, puis aux sectes, collectivement prises, un moyen de sauver l'honneur et triompher, sauf un sacrifice partiel du dogme. Elles peuvent, sur la théorie du Garantisme, opérer comme une garnison cernée qui se fait jour et passe en perdant moitié de son monde. Une telle troupe est plus triomphante que vaincue, et tel est, quant au point d'honneur, le rôle que peuvent jouer les philosophes, tout en gagnant à cette manœuvre hardie une fortune colossale et subite.

A la vérité, ils perdront du monde et du bagage philosophique, c'est-à-dire qu'ils perdront certains des systèmes et des renommées éphémères, mais ils sauveront le corps d'armée et l'honneur, tout en gagnant la fortune. Ce sera la retraite de Xénophon, plus belle qu'une victoire. Qu'ils y prennent garde ! Il n'est pour eux aucun autre parti ; s'ils manquent à s'emparer de la théorie du Garantisme et la tourner en leur faveur, à titre de doctrine ambiguë, pressentie par eux et complément de leur science, ils seront perdus sans ressource, puisqu'il faut qu'elle devienne ou destructive ou complémentaire de la philosophie.

Les bons apôtres sont assez alertes au plagiat, et il n'est pas besoin de les stimuler pour celui-ci qu'ils sauraient bien faire sans mon indication ; mais j'ai exposé les motifs qui m'obligent à les en aviser. C'est servir à la fois Dieu, les hommes et la raison.

1° *Dieu !* En monarque généreux, il ne veut pas que l'inauguration de son code soit un coup de disgrâce pour aucune classe de la société ; il a donc dû ménager, même à ses ennemis, les capitulations les plus honorables, et, comme interprète de ses lois, je dois prévenir les vaincus de la générosité du vainqueur.

2° *Les hommes !* Si j'allais, par haine contre les philosophes, leur cacher les moyens de triomphe que leur offre ma théorie, et provoquer ainsi leur résistance, leur opposition à l'épreuve de l'attraction, n'obtinssent-ils qu'un an, qu'un mois, qu'un jour de succès, ce serait un délai d'autant sur l'avènement au bonheur, et l'humanité serait fondée à me reprocher ce délai, m'accuser de sacrifier sa cause à la mienne.

3° *La raison !* Elle veut, pour l'honneur de Dieu et pour le mien, que je dévoile tous les moyens de conciliation renfermés dans sa théorie ; à défaut de quoi j'encourrais le double reproche d'avoir mal jugé le caractère et les vues de Dieu, laissé des lacunes dans sa théorie, et manqué l'honneur de la pleine découverte, quand je puis me l'assurer en dévoilant à mes adversaires les chances mêmes qui les favorisent.

Tout, dans les livres des phiosophes ne retentit que de garanties balance, contre-poids et équilibre. Il est piquant de leur prouver à la ois qu'ils n'en ont jamais découvert aucun procédé, et que d'autre part ils peuvent les revendiquer à titre de pressentiments implicites et tendance naturelle de leur science, qui peut, sous certains rapports, participer à l'honneur.

A ce titre, il y aurait donc partage d'honneur entre eux et moi. C'est une propriété inhérente à la branche de l'ambigu. Elle ouvre cette chance de partage à ses rivaux mêmes, et c'est une conséquence naturelle des propriétés du mode neutre, qui est le plus liant des 3 (touche 2e, section 4e). Il doit donc fournir des moyens de ralliement avec ses antipathiques. C'est ce qui a lieu dans la théorie du Garantisme, qui peut devenir le pivot de ralliement général entre tous les partis scientifiques. Ceux qu'une fausse honte empêchera de condamner la Civilisation, s'affubleront du masque de Garantisme, comme complément de Civilisation, et en exciperont pour accréditer indirectement la doctrine et l'épreuve de l'Harmonie, tout en feignant de l'improuver, de la repousser.

Du reste je ne crains pas d'avancer, pour fixer l'attention de ceux qui tiennent aux prestiges civilisées, qu'aucune étude ne sera plus consolante pour eux que celle du Garantisme. Ils y trouveront le charme de tirer parti de leurs erreurs mêmes, et s'excuser à leurs propres yeux, ce qui n'est pas un médiocre appât pour l'amour-propre. En outre, c'est dans cette étude plus que dans toute autre qu'ils pourront reconnaître la suprême habileté de Dieu en calculs de fausseté harmonique, ou art de faire emploi de 2 faussetés combinées pour produire une vérité, de 2 vices combinés pour produire une vertu, et d'utiliser ainsi, en suprême économe, tous les matériaux abjects que présente le mouvement civilisé, abîme de fausseté et réceptacle de tout vice.

CHAPITRE II.

DES 12 DROITS DE L'HOMME ET DE LEURS 12 GARANTIES COLLECTIVES ET INDIVIDUELLES.

Le Garantisme ne roule que sur des mesures compatibles avec les doctrines civilisées ; il ne s'exerce que sur les problèmes philosophiques, sur les droits de l'homme et les devoirs de la société envers les citoyens, questions qui assurément n'ont pas été oubliées, surtout dans le cours de cette génération, où nous avons été assaillis de radotages sur ce sujet ; il faut que lesdites questions aient été bien maladroitement traitées, pour avoir amené à conclure que la Civilisation soit destinée de l'homme social, à qui elle ne garantit aucun de ses 12 droits, dont le 1er est le droit au travail.

Il serait bien inutile aux hommes de se réunir en société industrielle, si la masse entière des contractants sociaux ne trouvait pas dans l'ordre social plus d'avantages que dans l'état inerte ou sauvage. Dieu, en nous donnant la faculté de former le pacte social industriel, a dû peser les biens et les maux de l'un et l'autre état, de l'inertie ou de l'industrie, et s'il eût prévu que l'industrie n'aboutirait qu'à nous plonger dans un abîme de misères, qui ferait désirer à la masse des industrieux le sort du sauvage, il aurait réprouvé l'état industriel et pris des mesures pour l'empêcher de naître, car on ne peut pas soupçonner Dieu de vouloir le malheur de la majorité des hommes ; or, consultez les individus, et vous trouverez les 7{8es des familles qui vous diront : je suis accablé de disgrâces, je suis bien malheureux ! — plainte qu'on n'entend pas chez les sauvages, méprisés de nous.

Nous ne sommes arrivés, jusqu'à ce jour, qu'à un sort pire que l'inertie, puisque tous nos salariés n'aspirent qu'à former la horde, et qu'on les voit, dans les empires les plus opulents, comme l'Angleterre, se soulever contre un travail qui n'alimente que les plaisirs d'une poignée de riches, et ne laisse à l'industrieux que lot de privations, d'esclavage et de désespoir, lot qui fait horreur au sauvage même, car il regarde comme malédiction le travail du labourage, dont le malheureux civilisé ne peut pas même obtenir l'exercice pour le service d'autrui ; tandis que la chasse et la pêche, ressources habituelles du sauvage, sont estimées, en Civilisation, un plaisir de très-haut prix, dont les grands s'emparent au détriment de la classe bourgeoise et du peuple, qu'on envoie aux galères s'il lui arrive de tuer une pièce de gibier.

Si le pacte social n'est établi que pour garantir à la masse des citoyens industrieux, plus d'avantages qu'ils n'en trouveraient dans l'état inerte, il est clair que les conditions du pacte ne sauraient être remplies en Civilisation, où le sort de notre peuple est au-dessous de celui du sauvage. Les philosophes, en affectant une feinte sollicitude pour ces misères, ont donné pour antidote un prétendu code des droits de l'homme et des devoirs sociaux, dont ils promettaient, en 1789, de si grandes merveilles.

Il n'était rien de plus aisé à définir que les droits de l'homme. Nous avons 12 passions radicales et la foyère, et, par conséquent, 12 droits à l'essor de chacune d'entre elles, et qui doit être tellement réglé, que tout essor individuel favorise l'essor collectif, et réciproquement, et que ces essors soient progressifs, c'est-à-dire en proportion graduée avec les castes, leurs besoins et habitudes.

Examinons, sur une des 12 passions, si l'ordre civilisé remplit quelques-unes de ces conditions. Citons le sens du goût, puisque c'est un des 12 ressorts passionnels, et à coup sûr le plus impérieux des 12. Il en résulte que l'homme social a le droit de *manger*, droit que n'ont jamais voulu lui concéder les philosophes et législateurs civilisés, car ils ne l'accordent qu'à des conditions inexécutables pour le pauvre. Ils partent du principe que la subsistance, dans l'ordre social industriel, doit être le fruit du travail. En ce cas l'homme social industriel a droit au travail, et la société, en l'astreignant à une subsistance conditionnelle et subordonnée au travail, lui doit ce travail, à défaut duquel il rentre dans les droits de l'état inerte ou sauvage, et peut prendre sa subsistance où il la trouve. Là-dessus les philosophes répondent qu'il n'y a plus de travail, plus de terres à cultiver, plus d'ouvrage dans la fabrique dont il est habitué ; donc, il doit se passer de manger, et mourir de faim avec sa femme et ses enfants pour la perfectibilité de la Civilisation perfectible. Ces malheureux s'indignent, refusent de se laisser mourir de faim, et pensent, avec raison, que la société et les savants qui la dirigent auraient dû aviser aux moyens d'assigner aux gens dénués de travail un minimum proportionnel à leur caste ; en conséquence ils vont, par des plaintes, chercher à émouvoir la pitié et obtenir quelques secours. La législation les fait arrêter et leur répond qu'à titre de mendiants, ils doivent être renfermés. Leurs voisins, pressés de même par la famine, et craignant la réclusion, emploient, pour se pourvoir, la voie de la nature, celle du larcin. On les arrête, on les mène pendre, pour avoir voulu user du 1er des droits de l'homme, celui de manger, droit qu'on ne conteste à aucun des êtres existants, car jamais (excepté dans la pièce des *Plaideurs*) on n'a fait le procès à chien ni à chat pour avoir, dans les moments de faim, mangé ce qu'il a pu trouver, et encore sans engagement de travail qu'offrent les hommes, et que n'offrent pas les animaux.

Admirable résultat de la perfectibilité civilisée ! L'homme social est mis en réclusion et mené au gibet s'il veut user du plus pressant de ses droits, celui de se nourrir conditionnellement et en offrant son travail, que n'offre pas l'animal, et c'est dans une telle société que des histrions scientifiques osent parler de garantie, contrepoids, balance, équilibre !

Voilà où en sont nos théories sociales, sur l'exercice du 1er des 12 droits de l'homme ; qu'on juge par là de leur habileté à nous garantir les 11 autres, moins urgents, et dont on s'est encore moins occupé. Suppléons à leur silence et définissons les devoirs de la société envers ses membres.

Ils sont, comme les droits, au nombre de 12; elle doit ménager et assurer à chacun les 12 essors de passions en sens collectif et individuel.

Il est évident que la Civilisation est si pauvre de moyens, qu'elle ne

peut pas songer à remplir la condition de garanties collective et individuelle des droits naturels, et que le problème ne peut pas même être
pris en considération par des civilisées, tant il leur est impossible, avec
le peu de ressources qu'offre leur mesquine société, de pourvoir aux
12 garanties d'essor passionnel dont doit jouir le plus pauvre des hommes dans la période 6, intitulée Garantisme, ou lymbe ambiguë.

Je lui donne le nom d'ambiguë, parce qu'elle est encore distribuée
par familles et ménages inassociés, quant à l'industrie générale, comme
la Civilisation. Cependant elle emprunte quelques dispositions de l'ordre des séries ; cette demi-association constitue l'ambiguité ; elle n'est
ni pleine incohérence ni pleine association ; elle admet quelques associations partielles sur certains travaux d'une masse de familles réunies
en tribu, entre autres, sur la nourriture. Ce qui la rend digne de notre
attention, c'est qu'elle réalise tous les vœux de bien social que nous
osons à peine rêver, et pourtant elle opère sur un élément qui est germe
de mal, sur les familles inassociées, telles que nous les voyons.

J'ai fait observer plus d'une fois que Dieu, en sage distributeur de
l'attraction et des moyens matériels et spirituels , a départi à chaque société les facultés nécessaires pour s'élever à la suivante. Aussi voit-on
que la nôtre ne rêve que droits de l'homme et garanties sociales, et
tandis que nos savants s'agitent vainement pour arriver à ce but, on ne
trouve rien de cette impulsion chez les barbares, parce que leur société
est abîme politique, frappant le génie de léthargie ; la nôtre acquiert
déjà une inquiétude ou une tendance à de meilleurs destins. Aussi, non
contente de ses progrès industriels, aspire-t-elle à l'avancement en
mécanisme social, genre dans lequel elle s'est montrée si timide et si
noueuse jusqu'à présent par la couardise de ses philosophes, qui n'ont
pas osé proposer la tâche de la science, ou l'établissement des garanties individuelles sur chaque passion.

On trouve, il est vrai, quelques garanties en Civilisation, mais elles
ne s'étendent qu'aux jouissances des riches. Une armée de sbires et de
tribunaux, répartie sur tous les points, garantit la sûreté des grands
chemins, mais ce bien-être ne s'étend pas aux besoins du pauvre, qui
n'est pas moins dans le dénuement. Or, des garanties partielles ne sont
qu'un système de vexations ; chacune des 12 doit être collective et individuelle.

Et, pour les riches mêmes, existe-t-il une seule garantie complète ?
Si on les met à couvert du vol de grand chemin, les préserve-t-on des
vols que commettront des intrigants, des gérants infidèles ? Tant s'en
faut, car tout riche civilisé est assailli par une nuée de fourbes qui lui
extorquent de cent manières quelque portion de sa fortune. S'il entre
dans vingt magasins de marchands, il y trouvera vingt trompeurs qui

le duperont sur les objets dont il n'aura pas une parfaite connaissance. Il ne serait pas exposé à ces supercheries continuelles, si le commerce était organisé en garantie de concurrence véridique et réductive, qui introduit une pleine vérité dans toutes les relations industrielles, y compris celle des fermages, sur lesquels un fermier ne peut plus tromper, dès que le Garantisme est établi.

Même lacune sur l'ordre matériel, par exemple, sur le *visuisme*, plaisir de la vue. Un riche peut bien se garantir de beaux points de vue dans son palais et dans ceux de ses amis; mais, s'il veut sortir, il ne pourra éviter l'aspect dégoûtant des sales édifices du peuple, des rues boueuses, de la populace en haillons. Il serait délivré de ce dégoûtant spectacle dans un pays où la société 6e, Garantisme, serait organisée : parce qu'elle commence par vêtir le peuple, qu'elle reconstruit peu à peu tous les édifices pauvres et malpropres, ces sales habitations du petit peuple civilisé ne pouvant pas se prêter aux relations du Garantisme sensuel, ni des branches d'association qu'il commence à introduire.

Si donc la philosophie a rêvé quelques garanties, elle n'a su en établir aucune, l'essor de chaque passion devant être assuré à tous réciproquement, c'est-à-dire en sens collectif pour le bien de la masse, et en sens individuel pour le bien de chacun. D'ailleurs, a-t-on jamais songé sérieusement aux garanties? on aurait au moins proposé le 1er problème, qui est celui de rendre l'industrie attrayante, à défaut de quoi on ne peut pas garantir de minimum au peuple, et si cette garantie fondamentale est manquée, il ne peut en exister aucune autre ; mais pour que le pauvre en état de santé préfère constamment l'industrie au désœuvrement, elle devra lui offrir, soit en charmes pratiques, soit en perspective d'avancement, un sort bien différent de celui de nos salariés, qui tous opteraient pour l'oisiveté *minimée*.

Sans cette attraction industrielle, comment pourrait-on extirper le vice radical du mécanisme civilisé, selon lequel il faut qu'il y ait des pauvres pour qu'il y ait des riches, dogme que le lecteur va remplacer par celui-ci : « Les riches, en 6e période, n'ont de bonheur complet et assuré qu'en raison des garanties d'aisances et jouissances proportionnelles pour les castes pauvres » C'est une vérité déjà reconnue au sujet de la peste et des épidémies : on prend des mesures pour en garantir à la fois pauvres et riches. N'est-on pas plus sage et plus heureux, en suivant cette marche, qu'en imitant les Orientaux chez qui un grand se renferme dans son palais, et laisse la populace en proie à contagion dont lui-même peut être atteint? Il en est ainsi de toutes les misères sociales. On va se convaincre que toutes celles qui pèsent sur le pauvre atteignent par contre-coup la classe riche, témoin la triste fin

de François 1er, et qu'il n'y a de bonheur et de sagesse à espérer que
d'un ordre qui pourvoira, en tout sens, à garantir au pauvre sa quote part
des 12 branches de passions, conformément aux vues du créateur, dont
la providence n'est point partielle, mais collective, graduée et universelle.

Les préjugés ont souvent causé plus de ravage que les fléaux matériels
et je doute que le Déluge, le plus terrible de ces fléaux, ait fait au
genre humain plus de tort que le préjugé que je vais signaler. Il s'agit
de l'erreur qui nous persuade que la pauvreté est un mal inévitable : *il
faut*, dit-on, *qu'il y ait des pauvres pour qu'il y ait des riches*. Oui,
en Civilisation, rien n'est plus vrai, puisque cette société est obligée
par défaut d'attraction industrielle à forcer le travailleur par l'aiguillon
de la misère.

Cette prévention généralement répandue est plus funeste que la famine, la peste et la guerre; elle paralyse le génie, elle oppose aux
progrès sociaux un obstacle invincible, en abusant les 4 classes qui
doivent directement ou indirectement coopérer à la recherche d'une
garantie de minimum social. — Ce sont les grands, les prêtres, les savants et les peuples.

1o *Les grands.* Elle les habitue à voir d'un œil sec les souffrances
du pauvre. La philosophie leur a persuadé que cette misère des peuples est un mal nécessaire, parce qu'il est inséparable de la Civilisation :
par ce sot argument, elle a endurci les cœurs des monarques. Dès lors
ils ne songent plus à remplir leur tâche qui est de stimuler les savants à
la recherche d'un ordre social différent de la Civilisation.

Ce principe, *qu'il faut des pauvres pour qu'il y ait des riches,* est
facilement goûté des grands qui s'habituent si vite à regarder la multi-
tude comme une bête de somme faite pour endurer toutes les privations; c'est un préjugé que la flatterie leur inculquait avant même que
le sophisme fût venu le renforcer, et il est pardonnable aux grands d'é-
pouser cette erreur tant qu'on leur persuade que le terme ultérieur des
destinées est limité à cette Civilisation, où il est vraiment impossible
d'extirper et prévenir l'indigence, puisque les mesures qui atteignent ce
but sont ultra-civilisées et attributs, caractères de 6e période.

2o *Les Prêtres.* Ils interviennent pour renforcer le préjugé qu'il
faut des pauvres pour qu'il y ait des riches, principe très-faux en système général, quoique vrai dans trois des lymbes, dans le Patriarchat,
la Barbarie et la Civilisation; mais il est très-faux dès qu'on spécule sur
d'autres périodes industrielles.

Les torts de la philosophie n'eussent été d'aucune influence si la religion eût rempli ses devoirs en prêchant la foi et l'espérance en une
providence intégrale et universelle, rappelant le génie à la recherche du

Code divin. La religion avec ses dogmes de colère divine, de tribula-
tion et d'épreuves auxquelles Dieu nous assujettit en ce monde pour
nous rendre dignes du bonheur dans l'autre vie, la religion, dis-je, est
en collusion involontaire avec les astuces philosophiques. Elle a sanc-
tionné la paresse des savants, la torpeur du génie et renforcé le préjugé
qui habitue à regarder comme nécessaire le fléau de l'indigence, à dé-
sespérer de la Providence en législation et persuader qu'il faut des pauvres, parce que les lois des civilisés perpétuent l'indigence. Dieu ne
sait-il donc fonder le bien-être d'une caste que sur le malheur de l'autre? S'il ne peut créer un riche qu'en créant plusieurs pauvres, comme
il arrive dans l'état Civilisé et Barbare, que ne nous limitait-il à l'état
sauvage qui est à l'abri de l'indigence, quoiqu'il soit encore une des
4 lymbes obscures, mais la seule en contact avec le Garantisme, ainsi
qu'on le verra au chapitre de l'échelle du mouvement puissanciel.

Du moment où les hommes s'habituent à considérer la législation
comme attribution exclusive de l'homme, ils ne sont plus étonnés d'en
voir naître l'injustice et le règne du mensonge ; mais la religion eût
dû oser replacer l'homme au second rang, le façonner à croire que toute
sagesse doit venir de Dieu, qu'on n'est point arrivé à la sagesse tant
que la masse du corps social gémit dans les privations, et que ce résultat dénote l'ignorance des lois sociales qu'on doit attendre de Dieu et la
nécessité de les rechercher. Tout au contraire, elle a façonné les esprits
à spéculer sur la nécessité des pauvres. En quel sens conçoit-elle donc
la Providence et quelle injure ont faite à Dieu ces légions de pauvres?
S'il ne savait pas pourvoir à leur garantir le nécessaire, il eût mieux
fait de ne pas créer le monde social.

3° *Les Peuples.* Tout s'accorde à les hébéter et fataliser. Les grands,
armés de l'autorité, persuadent au peuple qu'il est fait pour souffrir.
Ils étaient ce dogme de la crainte du gibet, lot inévitable des malheureux qui oseraient s'indigner de leur misère et réclamer les droits naturels ; à l'appui de ce régime viennent les prêtres qui nous excitent à
mépriser les biens de ce monde pour lesquels ils n'ont pas autant de
mépris qu'ils en étalent. Puis vient la philosophie qui persuade aux
peuples que leur dénûment est la perfectibilité sociale et qu'une région
pavée d'indigents est un phénomène de Civilisation perfectible, pourvu
qu'elle ait une trentaine de beaux esprits rengorgés dans des fauteuils
académiques et discourant sur la perfectibilité des abstractions méta-
physiques.

4° *Les Savants.* Ils sont égarés à leur tour par la bonhomie des
princes, des prêtres et des peuples ; ces trois classes n'ayant pas su
discerner la ruse et reconnaître que les philosophes ne vantent la Civilisation que pour se dispenser d'en chercher l'issue, il arrive qu'on ne

somme pas la science de remplir son devoir, de chercher les voies de garantie du bien social effectif; et les intrigants littéraires trouvant dans le sophisme et les jactances de perfection une voie de fortune et d'honneurs académiques, bien plus commode que la carrière des découvertes, se gardent bien de signaler la tâche qu'ils esquivent, la recherche d'une société supérieure à la Civilisation, et s'accordent à crier que l'esprit humain est arrivé au perfectionnement de la perfectibilité, puisque les philosophes sont pourvus de pensions et de considération.

C'est ainsi qu'une erreur primordiale engendre peu à peu toutes les erreurs. Qui est-ce qui accrédita celle que je dénonce ? Tous les partis s'en défendront et rejetteront la faute sur leurs antagonistes ou sur l'habitude, le préjugé. Leur tort ne sera pas moins grand. C'est être complice du mal que de ne pas s'opposer à ses progrès. Lorsqu'une contagion, peste ou autre, se manifeste sur un point, elle deviendrait bientôt générale si chacun négligeait d'y opposer des barrières, sous prétexte que ce n'est pas lui qui l'a apportée, et un gouvernement qui omettrait d'établir des cordons et des lazarets, serait *passivement* l'auteur des progrès du mal. C'est ainsi qu'opèrent les fausses lumières à l'égard des préjugés nuisibles à tous. Lors même qu'elles ne les propagent pas, elles en favorisent le ravage par leur apathie. Un préjugé dont rien n'arrête les progrès envahit nécessairement tout le domaine social. Aussi n'est-il rien de plus enraciné que la prévention d'insuffisance de Dieu et suffisance de la Philosophie, dogme qui attribue à la volonte de Dieu les malheurs établis par les lois des hommes, entre autres l'indigence, en l'attribuant à la volonté de Dieu, et qui au tort de donner des cœurs de fer à tous les riches et les grands joint le tort bien plus fâcheux d'empêcher la recherche et la découverte d'un ordre social exempt de pauvreté comme le Garantisme.

CHAPITRE III.

DU GARANTISME EN MATÉRIEL.

Les garanties sociales devant s'étendre aux 3 classes de passions, sensitives, affectives et distributives, il faut pour la régularité commencer par les garanties du matériel ou de l'essor des cinq sens en *minimum*.

Ce serait une tâche immense que de traiter des garanties relatives à chacun des cinq sens et du régime social qui peut les introduire ; en conséquence je me bornerai à traiter de la garantie d'essor pour un seul des cinq sens qui est la *Vue*, et je ne donnerai sur les autres que des aperçus. Au reste, les garanties dans chacune des trois classes de passions sont tellement liées les unes aux autres que le garantisme de la Vue nous conduira à traiter de celui des autres sens.

Plus la Civilisation est indifférente sur les plaisirs de la vue, plus il importe de la remontrer sur les effets de ce vandalisme et lui prouver que tout étant lié dans le système du bien, chacune des 12 garanties conduit aux 11 autres. C'est de quoi l'on va se convaincre par celle du *visuisme*, d'où nous verrons ressortir le principe de tout progrès social, la nécessité de se rattacher aux procédés d'association graduée pour marcher au bien-être général.

J'ai tant de fois accusé les sciences incertaines qu'il est bien juste que les fixes parfois aient leur tour. Elles commettent aussi des fautes grossières. Les géomètres ont de la régularité et point de tact, point de ressort à mettre un jeu pour intéresser l'élève. Chaque science tombe de même dans des oublis. Voici le lot des architectes, que je vais accuser de n'avoir ni goût ni principes généraux. Un homme de goût, un architecte politique, pouvait, par la seule réforme des coutumes d'architecture, métamorphoser la Civilisation, qui pourtant semble fondée exclusivement sur le régime administratif.

CHAPITRE IV.

DU GARANTISME VISUEL EN ÉDIFICES SPÉCIAUX.

(Plan d'une ville de 6ᵉ période.)

Qu'on se rappelle la thèse, bizarre si l'on veut, que je me suis chargé de démontrer : c'est qu'une nation, un siècle qui ne sait pas pourvoir au luxe général des édifices, ne peut faire aucun progrès dans la carrière du bonheur social.

Nous sommes exercés en fait de luxe partiel. Tout sybarite sait bien orner son habitation au dedans et au dehors, mais il s'agit ici de l'ornement collectif gradué, l'art de garantir collectivement et individuellement une perspective d'édifices, beaux et commodes ; pour faire connaître cet art bien ignoré de nos architectes, il faut donner le plan descriptif d'une ville de Garantisme dont nos architectes n'ont aucune idée.

Sur les édifices, comme sur tout autre détail du matériel ou du spirituel, il y a des procédés affectés à chaque période. Une ville barbare est formée d'édifices assemblés fortuitement au hasard, sans aucun plan préalable, et confusément groupés entre des rues tortueuses, étroites et mal percées, malsaines. Telles sont en général les villes de France,

1·

où l'on trouve à peine un quartier neuf qui s'écarte du mode barbare.

Les villes civilisées ont un ordre monotone, imparfait, une distribution en échiquier, comme l'île de Pétersbourg, comme Philadelphie, Amsterdam, Londres neuf, Nancy, Turin, Marseille neuf, et autres villes *qu'on sait par cœur*, quand on en a vu trois ou quatre rues. On n'a pas le courage d'en visiter davantage : elles ont le don d'affadir et attrister la vue, et l'on préfère bien vite une ville de style barbare, si elle est un peu ornée et variée comme Paris. Les villes de Strasbourg et Francfort, qui n'ont rien de régulier, plaisent mieux que Nancy et Manheim, avec leurs tristes échiquiers entremêlés de murs mitoyens, bien nus, bien hideux, selon la méthode civilisée. Passons à celle de 6ᵉ période ; il faut d'abord la décrire avant d'en expliquer les règles appliquées à l'essor des douze passions.

Chaque année l'on construit des villes neuves. La plupart des petits souverains d'Allemagne en ont fait bâtir ; à présent même, on construit encore une petite capitale en Finlande et une grande aux Etats-Unis On parle d'en construire une au Brésil. Nous pouvons donc supposer qu'un des souverains qui ont besoin de remplacer une vieille capitale par une ville de bon goût ou qui veulent faire construire quelque nouveau port, comme Odessa, opine à bâtir une ville de garantisme visuel. J'en vais donner le plan que la Russie aurait eu bon besoin de connaître lorsqu'elle a rebâti Moscou : elle en aurait fait une capitale qui aurait fait honte à toutes celles du monde policé, et prouvé à la Civilisation que si en 3000 ans elle n'a pas même découvert l'art de se loger, il n'est pas surprenant qu'elle ait manqué la science plus difficile de l harmonie des passions et qu'elle ait méconnu le germe de cette harmonie qui consiste à allier toujours le beau et le bon, en conciliant les intérêts collectifs et individuels, règles bien inconnues aux civilises, dans les têtes de qui jamais idée harmonique n'a pu entrer. Nul débat n'est plus propre à le prouver que celui que nous allons traiter sur l'harmonie neutre des édifices, et j'entends par harmonie neutre celle qui concilie l'ordre incohérent avec l'ordre combiné. Quand on aura analysé nos ridicules en distribution matérielle, et dont les correctifs eussent pu être inventés par tout architecte, on jugera par induction de l'impéritie de nos architectes passionnels.

PLAN.

On marquera quatre enceintes, savoir : 1 de pivot et 3 de banlieue, savoir :

La 1ʳᵉ, pour la ville, ou Pivot ;
La 2ᵉ, pour les faubourgs ;

La 3ᵉ, pour les annexes rurales ;

La 4ᵉ, pour les avenues et relais.

Chacune des enceintes pourra s'étendre à l'équivalent du rayon de la ville. En supposant donc 1000 toises du centre aux barrières, il y aura 2000 toises jusqu'aux confins de l'enceinte des faubourgs, puis 3000 à 4000 jusqu'au terme des annexes et des avenues.

Chacune des enceintes sera assujettie par gradation à des ornements obligés et coordonnés aux convenances de la ville. Un comité d'apparat en sera juge, et n'admettra aucune disposition soit d'agriculture, soit d'architecture, qui blesserait les garanties visuelles.

Le système d'ornement sera gradué, c'est-à-dire qu'on en exigera plus dans l'enceinte pivotale que dans les enceintes de faubourg, qui devront contenir les édifices d'utilité manouvrière, comme grandes fabriques, magasins d'entrepôt. Mais les villages mêmes de la 4ᵉ enceinte seront encore soumis au code ornemental gradué.

Raisonnons sur ce 1ᵉʳ article en le comparant à la licence anarchique des constructions civilisées, où chacun prend à tâche d'enlaidir l'ensemble. J'en vis 2 exemples bien frappants en arrivant à Nancy dont on m'avait vanté la beauté. Les portes de la ville sont des arcs triomphaux bien lourds, bien massifs ; car les Français, j'excepte les Parisiens, n'aiment en architecture que les masses de pierre sans goût, ni grâce. En approchant de cet arc triomphal assez semblable à une porte de forteresse, on voyait de chaque côté des fumiers bien sales devant les maisons du faubourg. Enfin, la voiture me débarqua à l'hôtel du Petit-Paris, où j'eus en face de ma chambre la perspective d'un immense mur mitoyen bien élevé, bien noir, et qui semblait recéler quelque manoir infernal. C'est ainsi que les vandales français distribuent une ville qui a la prétention d'être belle.

On montre bien plus de discernement dans les constructions individuelles. Un homme qui veut avoir un magnifique salon sent bien que la beauté de la pièce principale ne dispense pas d'orner les avenues. Que penserait-on de son beau salon si, pour y arriver, il fallait traverser une cour encombrée de fumiers, un escalier obstrué de gravois et une antichambre garnie de vieux meubles rustiques ? Nos sybarites ne commettent pas cette faute grossière : ils ont soin, tout en parant le salon, de ménager une gradation de luxe dans les 3 avenues, antichambre, escalier et cour. D'où vient donc que le bon sens, qu'on trouve dans chaque individu pour l'ornement d'une demeure particulière, ne se rencontre pas chez nos architectes pour l'ornement des demeures collectives appelées villes ? et pourquoi, sur tant de princes et artistes qui ont bâti des villes, aucun n'a-t-il jamais songé à l'ornement gradué des 3 accessoires, faubourgs, annexes et avenues composant la banlieue dans une ville garantiste? J'ai expliqué la cause de cette grossière négligence : c'est que jamais idée harmonique ou plan d'ornement collectif n'a trouvé place dans une tête civilisée, et toute génération qui n'entend rien à l'ornement collectif, ne connaît pas d'avantage l'ornement individuel. C'est ce que je vais prouver par le distributif des maisons garantistes. Procédons à les décrire en rappelant que ces idées qui semblent un calcul de luxe et de superfluités, sont une théorie de haute politique, et d'où va ressortir le principe fondamental du bonheur social, le germe de l'association. N'oublions pas que Dieu veut nous guider par le plaisir et non par les privations. C'est donc toujours dans les voies du luxe et des voluptés que nous devons nous attendre à découvrir les plus profondes spéculations de Dieu sur l'harmonie sociale.

Toute maison de la ville ou enceinte centrale doit avoir en terrain vacant, cour ou jardin, une surface égale à celle qu'occupent les constructions. S'il y a cent toises carrées de bâtiment, il faut au moins 100 toises carrées de cour ou jardin ; précaution nécessaire contre les spéculateurs qui amoncellent de pauvres ménages dans des maisons sans cours, dont la hauteur démesurée s'oppose à la circulation de l'air.

Dans l'enceinte n° 2, faubourg, on exigera que la maison ait en sa dépendance un terrain vacant, double de celui des bâtiments.

Dans l'enceinte n° 3, annexes, on exigera que le terrain vacant soit triple, et progressivement il sera quadruple dans l'enceinte n° 4.

Chaque maison devra être isolée et assez ornée sur les côtés pour ne jamais présenter de murailles nues, hideuses, comme les murs mitoyens des villes civilisées. Il est aisé, même dans les maisons rurales, de ménager quelque ornement sur les murs latéraux, une croisée ceintrée et un cordon suffisant à orner le plus grand mur. On sera plus exigeant dans les enceintes 1 et 2, où les maisons devront par degré se prêter au système ornemental.

L'isolement entre 2 maisons ne pourra être moindre de 6 toises de Paris, douze grands pas, quelque basses qu'elles puissent être. Chacune des maisons devra donc avoir en sa dépendance, autour de ses corps de bâtiment, au moins trois toises de terrain vacant, excepté sur les côtés contigus à une rue qui dispense de ménager un terrain vide, la rue en tenant lieu.

L'isolement latéral, hors de rue et à l'arrière, doit être pour chaque maison de moitié de la hauteur des façades attenantes, c'est-à dire que si deux maisons contiguës ont l'une 12 toises de hauteur, l'autre 8 toises, la 1re devra un vide de 6 toises, la 2e un vide de 4 toises, total 10 toises entre les 2 maisons. Sans cette règle de proportion, les terrains d'isolement pourraient être sans emploi par des maisons trop élevées

qui, empêchant le cours des rayons solaires, s'opposeraient à l'accroissement des végétaux.

Tous les murs de clôture seront ouverts et palissadés ou grillés à hauteur d'appui, afin que la vue puisse librement circuler, et qu'on ne che-
mine pas ent e des murailles comme dans les villes civilisées.

Sur les rues, l'élévation de chaque bâtiment ne pourra pas excéder
sur la rue l'angle de 45 degrés, c'est-à-dire que si la rue n'a que 9
toises, les maisons qui la bordent ne peuvent s'élever que de 9 oises, à
moins qu'elles ne ménagent une cour en avant, chaque édifice devant
être vu de la rue en angle de 45 degrés au plus.

On fera exception pour 1/8 de l'édifice, qui pourra s'élever indéfi-
niment pour former des tourelles ornées.

La perspective de 45 degrés se comptera de l'arête du couvert. Sans
cette règle, un homme pourrait sur une rue de 8 toises de largeur élever
sa maison de 8 toises jusqu'à la corniche, et de 8 autres toises en man-
sardes, greniers, etc. Pour éviter cette fraude, il faudra que l'arête du
couvert ou sommité ne dépasse pas l'angle visuel de 45 degrés, au
moyen de quoi l'on ne pourra construire des maisons très hautes que sur
des rues très larges, et la circulation de l'air sera ménagée en tout
sens.

Avant de parler des rues, des eaux, des édifices publics, nous avons
à disserter sur les dispositions indiquées relativement au terrain, à l'isolement et à la hauteur ; nous allons les considérer comme moyens d'association partielle entre les familles plébéiennes.

Ces dispositions ne permettent guère de construire de petites maisons,
cela ne sera possible qu'aux gens riches. En effet si nous supposons un
pavillon de 10 toises de front et 8 de profondeur, total 80 toises carrées
de superficie, il lui faudra d'abord, pour ses isolements latéraux, 96 toises de terrain vacant autour de la maison, et ces 96 toises distribuées
par lignes de 3 toises ne suffiront pas à fournir une cour où puisse
tourner une voiture, il faudra trouver du terrain et avoir au
moins 120 toises de vacant pour 80 de bâti ; encore ai-je supposé que
les remises et écuries seraient dans le rez du pavillon. Si on les construit
sur les côtés en forme d'ailes, il faudra beaucoup plus de 96 toises pour
les isolements de 3 toises qui doivent border chaque corps de bâtiment
hors le cas de contiguïté à la rue.

Dans une ville assujettie à ces règles, il ne sera donc possible qu'aux
gens très-riches de construire de petites maisons, qui exigeront un
achat considérable de terrain pour les isolements. On spéculera nécessairement sur les grandes maisons, celle de 20 toises de front n'étant
astreinte, comme une petite, qu'à 3 toises d'isolement latéral, qui, joint

à celui de la maison voisine, donne les 6 toises de minimum exigé entre 2 corps de bâtiments.

On ne construira donc pour la bourgeoisie que de grandes maisons propres à contenir une vingtaine de ménages, et leur ménager les commodités de pompe, lavoir et autres, que peut comporter une grande maison. Son principal avantage est de se prêter à une association partielle de ménages, au moins pour la préparation des subsistances qui est l'objet le plus dispendieux chez le peuple. Sans forcer cette association, il est aisé de la provoquer par des dispositions quelconques.

Supposons une maison distribuée pour contenir 30 ménages, inégaux en fortune. L'architecte y aura ménagé au rez quelques salles de relations publiques et des moyens de communication intérieure à l'abri des injures de l'air. Ces ménages pourront prendre à frais communs des domestiques chargés de la cuisine et former 4 ou 5 tables de pension en différents prix ; ils auront sur l'épargne de temps et de frais et sur l'amélioration de la chère un énorme bénéfice, indépendamment de l'agrément des réunions qui ne pourraient pas se soutenir s'il n'y avait qu'une table où éclateraient des brouilleries, mais qui s'établiront facilement au moyen de 4 ou 5 tables où l'on se distribuera selon les convenances.

On conçoit que les plus riches dédaigneraient ce genre de réunion malgré l'avantage de se réunir en compagnie de 1re classe avec un service assorti à ses moyens; mais qu'importe le refus des riches ! il ne s'agit que de remédier aux misères du peuple, et le plus grand dommage pour lui est la mauvaise nourriture, à quoi l'on ne peut obvier que par le *ménage combiné;* et l'on vient de voir que le garantisme visuel qui tient à la distribution des édifices concourt efficacement à préparer les ménages combinés.

Autre objection. Le peuple, va-t-on me dire, abonnerait assez au ménage combiné, si on lui faisait crédit, mais quand on en viendrait à régler les comptes, la moitié de la populace ferait banqueroute à l'autre moitié des locataires qui aurait fait les avances, et parmi les 30 ménages il s'en trouverait 15 qui auraient vécu aux dépens des 15 autres.

C'est raisonner sur les chances de Civilisation. Je sais fort bien qu'aujourd'hui on serait dupe si on avançait une obole au peuple, mais dans le cas où les 12 garanties seraient établies simultanément, le dernier homme du peuple serait aussi solvable pour sa dépense de table pensionnelle, qu'aujourd'hui l'homme fortuné. Il serait cautionné par des corporations solidaires qui lui ouvriraient un crédit pour telle table de 3e degré. C'est ce qui a lieu en Garantisme où le comité d'approvisionnement n'a jamais une obole à perdre en faillite. Une fois cet ordre établi, il est hors de doute qu'aucun individu de la classe pauvre ne songerait à préparer isolément sa chétive cuisine, quand il trouverait dans sa maison, sans aucune peine, une table mieux servie et une compagnie à sa convenance, avec option de variante.

Et pour que les distributions d'édifices coïncident à favoriser ces réunions il faut, par les règles des isolements, des terrains vacants et des élévations limitées à 45 degrés, ramener les spéculations des construc teurs aux maisons vastes et propres à contenir une 30ᵉ de ménages de classes rapprochées, afin que, si la maison est destinée aux ménages d'artisans ou à ceux de bourgeois, elle puisse former, soit en artisans, soit en bourgeois, au moins 16 tables, dont :

3 d'enfants, — 2 de vieillards, — 2 de domestiques ;

9 de classe dont — 1 de sexes mélangés, — 2 de jeunes gens et 2 de jeunes filles, — 2 d'hommes âgés et 2 de femmes âgées.

Ces tables estimées de 9 à 10 convives sont le contenu de 30 familles ; et comme l'objet le plus important pour le peuple est celui d'une nourriture saine, économique et abondante, le premier but dans la distribution des édifices doit être de garantir à la fois salubrité et faculté de réunion sociétaire. C'est à quoi coopèrent les règles que je viens d'assigner sur les dimensions de l'édifice et les proportions de terrain vacant.

Cette remarque est essentielle pour prouver que tout se lie dans le système des 12 garanties, et que si telles dispositions, qui semblaient n'être faites que pour nous récréer les yeux, deviennent des gages de salubrité, d'économie et de richesse du peuple : il en sera de même des dispositions qui sembleront au premier abord n'avoir pour but que de récréer les oreilles, et lorsque j'en viendrai aux garanties d'*ouïsme* qui tendent à rendre musiciens tous les individus, on m'objectera encore qu'il s'agit de leur assurer des subsistances et non des concerts. L'un tient à l'autre, et l'on verra que la garantie de concerts facilite celle de subsistances, qu'on ne peut arriver au bien social qu'en liant systématiquement les 12 passions, tandis que le procédé contraire, celui des philosophes qui ne veulent aucun lien général des passions et s'obstinent à opérer séparément sur quelqu'une d'entre elles, cette méthode, dis-je, n'aboutit qu'à échouer sur chacune de celles qu'on veut traiter isolément.

Gardons-nous donc de dédaigner les 5 garanties de passions sensitives, de les considérer comme frivolités dont le peuple n'a aucun besoin. L'on va voir que non-seulement elles sont nécessaires au peuple en système général, mais que les riches mêmes ne pourraient pas jouir des 12 garanties, si elles n'étaient pas assurées proportionnément au peuple. La législation ne sera dans les voies de Dieu qu'autant qu'elle liera tout le système des passions ; un résultat de 3,000 ans de carnage et d'indigence doit l'avoir rassasiée des méthodes actuelles et disposée au doute sur celles qui perpétuent tant de misères, en commettant la faute de ne pas placer les plaisirs au rang des objets nécessaires à l'homme.

CHAPITRE V.

DE LA PROPRIÉTÉ COMPOSÉE EN GARANTISME.

Il règne, en Civilisation, une étrange obscurité sur toutes les questions qui touchent au droit de propriété publique. On n'a point déterminé les limites du domaine public et du domaine particulier en fait de propriété. Une seule observation va prouver cette inadvertance. Qu'on ait besoin d'ouvrir une route ou une rue, la législation se croit bien autorisée à faire, par voie coërcitive, l'achat d'un champ ou d'une maison en tout ou en partie, et l'on ne croit pas vexer un particulier en lui signifiant que la route va traverser son jardin, sauf indemnité. On admet donc le principe de propriété composée, ou possession individuelle subordonnée à l'intérêt collectif.

Et si l'intérêt collectif permet, selon les lois civilisées, de s'emparer, sauf dédommagements, d'une propriété individuelle, il peut bien comporter, admettre un droit moins onéreux, qui est celui de modification de la propriété, droit beaucoup moins gênant que celui de spoliation. Tout propriétaire obligé de céder son jardin, pour donner passage à un grand chemin, voudrait bien accommoder pour modifier les dispositions du jardin, placer le potager à la place du verger, le parterre à la place du bosquet, etc. Ce changement obligé lui semblerait bien moins importun que le décret qui l'oblige à céder son terrain.

Cet envahissement semble pourtant fort juste selon nos lois civilisées. Or, quand elles accordent le plus, elles ne s'étonneront pas qu'en Garantisme on doive accorder le moins, et que toute propriété foncière, tant de terres que de maisons, soit légalement modifiable selon les convenances générales, qui sont graduées par 5 degrés déjà énoncés, savoir : propriété de ville, de faubourg, d'annexe, d'avenue et de pleine campagne.

On n'a aucune idée, parmi nous, du régime de propriété modifiable selon l'intérêt public. J'en vais citer une preuve qui me tombe sous les yeux à l'instant même. Je viens de lire une gazette de Paris, qui se plaint de ce qu'on va détruire les jardins du café Turc ; le propriétaire fait de cette destruction l'objet d'une spéculation individuelle : sans doute il va y bâtir des boutiques ou des logements, et priver ainsi la capitale de France d'un local qui lui sert de parure. Si l'on consultait individuellement tous les habitants de Paris, chacun d'eux, à moins d'intérêt particulier, opinerait à conserver ce joli jardin. Voilà donc

600,000 voix contre un vandale, et pourtant ce vandale triomphera, en vertu de lois absurdes qui admettent la spoliation de propriété, et n'admettent pas la modification ni la stabilisation.

J'entends par stabilisation l'ordre de maintenir un édifice *in statu quo*, parce que son état actuel convient à tout le monde. C'est le moindre degré de la propriété composée. On n'en jouit pas en Civilisation. La loi s'attribue le droit de démolir la maison d'un homme ; elle ne prend pas le droit de lui ordonner la conservation de sa maison, de son jardin, comme convenables à tous. C'est une inconséquence bien digne de l'esprit civilisé.

L'erreur n'a rien de surprenant chez des nations qui admettent qu'un accapareur a le droit de faire souffrir la faim à 30 millions de personnes, pour son intérêt particulier. Des nations aussi déraisonnables ne peuvent manquer d'avoir sur la propriété comme sur les droits de l'homme, des principes absurdes, comme celui qui autorise la législation à exiger le plus en fait d'envahissement, et ne l'autorise pas à exiger le moins. Cette inconséquence n'a pas lieu en Garantisme, où la loi déclare toute propriété modifiable en 5 degrés, selon les convenances publiques, et selon les 5 classes de localités indiquées plus haut.

Ce droit de modification est plus étendu dans une ville ou enceinte centrale que dans tout autre lieu, et, loin de permettre à un particulier la démolition d'un édifice qui orne la ville, on se croit très-autorisé à exiger de chacun, *sauf indemnité*, qu'il distribue ses façades de maison et portions visibles de jardin selon la convenance publique, et selon les règles de luxe adoptées pour les enceintes de divers degrés.

Cette loi s'étend même à l'intérieur des édifices où le spéculateur avide négligerait à la fois la salubrité et l'embellissement, pour accroître ses bénéfices aux dépens des familles pauvres qu'il y entasserait.

Ainsi la propriété en Garantisme est composée externe et interne, c'est-à-dire qu'au dedans comme au dehors des édifices, tout doit être assujetti aux convenances générales. Loin d'y souffrir, comme en Civilisation, qu'un homme construise un four à chaux, un atelier de cendres gravelées, pour empester un millier de familles vicinales, on n'y permet pas même les distributions qui gêneraient sous le rapport du luxe gradué, comme un mur de clôture, qui semble chez nous la construction la plus innocente ; mais il offusque les regards d'un passant, qui ne veut pas voir des murs, dont l'aspect limite sa vue. De là vient qu'en Garantisme on est obligé de palissader à hauteur d'appui, sauf les colonnes de soutènement.

CHAPITRE VI.

Je n'ai parlé que des édifices considérés isolément; il reste à parler de l'ensemble d'une ville et de ses alentours.

En Civilisation l'on a soin, aux approches d'une ville, d'amonceler de sales masures et des faubourgs dégoûtants, ou, si l'on y ménage une avenue, comme à Versailles, on la laisse border d'un fatras de maisonnettes plus bizarres les unes que les autres. Ce n'est pas ainsi qu'on doit opérer en luxe combiné. Le luxe doit être ménagé en gradation, et, dès la 3ᵉ enceinte antérieure à la ville, il faut que la capitale s'annonce par des maisons rurales, plus obligées en luxe que le commun des villages, qui, même en pleine campagne et hors des 3 enceintes, doivent être soumis aux règles de la palissade, l'isolement, l'angle visuel de 45 degrés, etc.

Avant même la 4ᵉ enceinte, et en pleine campagne, le code ornemental proscrira déjà les murs mitoyens et nus; à plus forte raison, dans les 3 enceintes antérieures à la ville, on devra, dès la 1ʳᵉ, exiger des précautions de propreté relativement aux fumiers et autres [   ] tolérables en pleine campagne.

Dans chacune des 3 enceintes succursales, et à plus forte raison dans l'enceinte foyère, tout l'ensemble devra être disposé de manière à favoriser le coup-d'œil en direct et inverse, c'est-à-dire procurer aux habitants de la ville de belles perspectives dans la campagne, et ménager à ceux de la campagne de belles perspectives sur la ville.

Au lieu d'observer cette règle, on a soin, en Civilisation, d'enlaidir les approches d'une ville jusqu'aux portes mêmes, témoin les entrées de Lyon et Rouen, où l'on a coupé à pic des montagnes, qui font, l'effet le plus hideux; ou d'autres fois, comme à l'entrée de Marseille, on amoncèle des sables et des murs; enfin, l'on semble lutter d'enlaidissements aux approches d'une ville, ainsi que dans l'intérieur.

Au lieu de ces vandalistes coutumes, on doit embellir les avenues, couronner de bois les sommets, ou y faire placer des édifices et monuments propres à récréer la vue. La 1ʳᵉ mesure à prendre à cet égard, c'est de faire un fond d'indemnité pour quelques ornements extérieurs. Tel particulier bâtit sur une colline en vue de la ville, on exigera de lui des péristyles, des tourelles, un dôme, etc., et on lui paie les frais de ce superflu d'ornement qu'il ne comptait pas donner à sa maison; mais, en cas de vente, elle reste grevée d'une redevance égale à la demi-valeur de ces frais.

Quelques Civilisés ont eu l'idée de cette indemnité de luxe. Le roi Stanislas la pratiqua dans Nancy avec les propriétaires de la place Carrière, qu'il astreignit à un système uniforme de façades. Malheureusement l'esprit d'uniformité et de monotonie vient toujours [   ] toutes les conceptions des Civilisés, et Stanislas fit précisément ce qu'il eût fallu éviter, car il n'est rien de si monotone qu'une longue rue en façades uniformes. La régularité est admissible pour un grand et somptueux édifice, comme la galerie du Louvre, le garde-meubles de Paris, mais elle est détestable dans une masse de maisons contiguës, et une des lois d'ornement doit être qu'une maison ne soit pas semblable à sa voisine, à moins qu'elles ne forment en commun quelque portion d'un système d'ornement méthodique d'une rue.

Il serait imprudent, en Civilisation, d'exiger la différence d'ornements de façades entre maisons vicinales ; c'est une licence dont on abuse pour faire des édifices de hauteur inégale, qui laissent voir dans leurs sommets des murailles nues et des couverts non assemblés. Cet inconvénient ne peut pas avoir lieu en Garantisme, où les maisons sont isolées à 6 toises au moins pour les plus basses, et forment façade ornée sur tous les côtés.

Chaque avenue, chaque rue doit aboutir à un point de vue quelconque, soit de campagne, soit de monument public. Il faut éviter la coutume des Civilisés, dont les rues aboutissent à un mur, comme dans les forteresses, ou à un amas de terre, comme dans la ville neuve de Marseille. Toute maison située en face d'une rue doit être astreinte à des ornements de 1re classe, tant d'architecture que de jardins, comme celle qui est placée vis-à-vis la rue d'Artois (1), à Paris.

Les rues les plus étroites ne peuvent pas être moindres de 9 toises, car, à ce taux, il ne reste que la passe de 2 voitures, selon le détail suivant, qui est estimé au *minimum* :

2 trottoirs pavés en briques relevées, à 1 1|2. . .   = 3 toises.
2 rigoles fermées de bornes. . . . . . à 1. . . . .   2 toises.
Passe des voitures. . . . .   4 toises.

Total. . . . .   9 toises.

Or, une passe de 4 toises n'est que le strict nécessaire de 2 voitures, dont une de foin ou de fagots, ou d'autre charge volumineuse. Ainsi les rues de 9 toises, bien magnifiques en Civilisation, ne sont que les minimes d'une ville Garantiste.

---

(1) En face de la rue d'Artois, aujourd'hui rue Laffitte, existait autrefois sur le terrain qui forme la rue Neuve-Laffitte, un vaste hôtel appelé l'hôtel Thélusson, remarquable par un certain air grandiose. (*Note des Éditeurs.*)

On peut ménager entre murs, palissades et jardins, des couloirs de 3 toises pour les piétons et chevaux, mais sans passe de voitures.

Le plan ou distribution de la ville doit être mis en concours composé, c'est-à-dire qu'on n'adopte pas un plan simple, comme en Civilisation, où l'on donne la préférence à tel ou tel, mais on prend de chacun ce qu'il a de bon pour en composer un tout. Souvent un architecte n'a qu'une seule bonne idée, témoin celui de Carlsruhe, capitale du grand duché de Baden. Il a eu l'idée très-ingénieuse d'une rue formant la corde d'un arc d'éventail ; cette rue donne à la ville un air de grandeur qu'elle n'a pas : c'est donc une louable idée. D'autre part son éventail est une conception excessivement mesquine et monotone. Voir le château (petit portail) de 9 rues ou rayons aboutissants, c'est voir sans cesse la même chose, et l'on peut dire de ce point de vue : aimez-vous la muscade? on en a mis partout. Je pourrais citer, dans cette petite capitale, une foule d'autres fautes choquantes; il n'y a sur le tout qu'une bonne idée. Si l'on eût consulté vingt concurrents, peut-être que chacun des vingt aurait produit quelque détail aussi bon que celui de la corde de l'arc, et de l'ensemble des 20 idées on aurait fait une charmante ville. Il faut donc des concours composés et non pas simples, car si on adopte les plans d'un seul artiste, on tombera nécessairement dans les excès, comme l'a fait l'architecte de Manheim, qui a construit toute sa ville en rues droites. Rien n'est plus fatigant, pour l'œil qui est délassé très-agréablement par quelques rues tournantes, souvent plus agréables que les rues droites, dans le cas d'un cours d'arbres, d'un canal ou d'un ruisseau.

Le penchant des Civilisés à la monotonie leur a fait oublier partout les rues inverses, présentant le jardin au devant de la maison. Tel est, sur divers points, le boulevard de Paris. C'est un mode qui réunit, au sein des villes, les charmes de la campagne, et on doit ménager bon nombre de rues de cette espèce. On doit enfin varier en tout sens et prendre pour règle qu'aucune rue, qu'aucun point de la ville ne présente un coup d'œil semblable à celui des autres points, et qu'on proscrive sévèrement les échiquiers, comme Philadelphie, Londres, Amsterdam, ainsi que toutes les monotonies des constructions civilisées.

Il est inutile de dire qu'on doit éviter, autant que possible, une plaine sans montagnes contiguës. C'est le vice où sont tombés les 2 architectes de Manheim et Carlsruhe, qui eussent bien mieux fait en adjoignant leurs villes à Heidelberg et Dourlach, où l'on aurait joui de l'aspect d'une belle ligne de collines très-agréables. Les 2 constructeurs sacrifièrent tout à une manie. Celui de Carlsruhe voulut s'adosser à une forêt qui n'offre aucun point de vue. Celui de Manheim fut influencé par des convoitises mercantiles. Il crut que le confluent de Neker et

Mein allait attirer un entrepôt de commerce dans sa ville, et ne consi
déra pas que l'entrepôt déjà envahi par Francfort et Mayence ne pouvait pas aller se fixer à Manheim. Croyant l'y attirer, il construisit une
superbe douane à laquelle on peut appliquer le dictum du pont de Ma-
drid : il n'y manque que de l'eau. De même, à la douane de Manheim,
il ne manque que des ballots. Or, une douane sans mouvement et un
pont sans eau sont deux ridicules de même force, et l'on ne trouve
guères autre chose dans toutes les villes civilisées. Je doute qu'en réu-
nissant tout ce qu'elles offrent de beau on pût compléter l'assortiment
nécessaire à une ville de Garantisme. Par exemple, on pourrait bien y
admettre le Bazar ou Palais-Royal de Paris, mais on ne pourrait pas y
admettre ses galeries étroites, ses édifices et distributions faites pour
des Lilliputiens, ses sales et tristes rues d'alentour. A peine trouve-t-
on, dans chacune de nos grandes villes, une disposition bonne à imiter,
et cependant le beau n'est pas plus coûteux que le laid. Chacun admire,
au centre de Leipzig, une campagne artificielle où l'on descend dans
des vallons sur le bord d'un petit lac, et où l'on se croit à une lieue de
la ville, qui est à cinquante pas de là, tout autour du paysage factice.
Cette jolie disposition ne coûte pas plus que nos insipides allées d'arbres,
dont les stériles auteurs n'ont pas même eu l'idée de faire une prome-
nade d'hiver en végétaux résineux, et verts en toute saison. C'est un
ornement qu'il faudrait ménager en lieu clos de maisons dans toutes
nos villes, où l'on a si longtemps à gémir de l'hiver. Personne n'y a jamais songé.

On a dû s'occuper de l'utile, répondront nos architectes. C'est faux.
Ils n'ont eu que des vues sordides et sans génie inventif, et d'ailleurs,
seraient-ils justifiés par cet argument de l'utile ? Non, car en ne s'occu-
pant que de l'utile, on n'obtient ni l'utile ni l'agréable. Il faut, pour entrer dans les vues de la nature, combiner l'utile et l'agréable, et obtenir
l'un et l'autre ou rien. Rechercher isolément l'un des deux, c'est opérer
en système simple, selon l'éternelle coutume des Civilisés, et l'on verra,
par le traité du Garantisme, que l'agréable y est dans les 12 branches
inséparable de l'utile. Dieu ne voulant nous conduire au bien que par
les voies du plaisir et de l'attraction, l'on est assuré d'être hors des
voies de Dieu dans tout régime social qui ne sait pas allier aux vues
d'utilité celles de luxe et de plaisir.

Mais en quel sens la beauté des villes peut-elle contribuer au bien-
être du pauvre ? Le voici : il y a un but à atteindre dans le Garantisme,
c'est d'intéresser la classe riche au sort de la classe pauvre. On en verra
la nécessité au traité des 4 garanties spirituelles, ou corporations solidaires d'amitié, d'amour, d'ambition et de famillisme, sur l'intervention
desquelles repose le mécanisme qui extirpe de fléau de l'indigence.

Pour préparer cet ordre, il faut que la résidence des classes pauvres amoncelées dans les villes et faubourgs présente au riche un appât pour tous les sens. L'appât sensuel achemine aux affections spirituelles, dont nous ne pourrons expliquer le système qu'après avoir décrit celui du matériel.

Le Garantisme de vue exigerait beaucoup d'autres détails, entre autres ceux de la propreté individuelle du peuple; mais ceci tenant aux moyens de bien-être qui lui seront procurés, on peut différer d'en parler. D'ailleurs je ne veux, sur aucun des 12 points, traiter en plein le sujet, mais seulement donner des généralités.

CHAPITRE VII.

DU GARANTISME D'OUÏE.

C'est encore un point sur lequel on jugera de la lenteur des améliorations sociales qui s'écartent de l'harmonie, car on établit celle-ci en 2 ans [celle du visuisme], tandis que diverses mesures de garantie, entre autres celles de l'ouïe, s'achèveraient à peine en 2 générations. Dissertons-en toutefois comme d'un bien dont nous devrions jouir depuis longtemps, si les philosophes grecs et romains avaient fait leur devoir, qui était de déterminer les garanties et en provoquer l'établissement.

Celle de l'ouïe peut se distinguer en divers degrés, dont les principaux sont le bruit, le langage et la musique.

Ce n'est pas un médiocre tourment que le fracas incommode, surtout dans les villes où un ouvrier à marteau, un apprenti de clarinette sont le fléau de 50 familles du voisinage. La société doit une garantie contre ces détestables fonctionnaires, et d'abord, quant aux ouvriers bruyants, on doit les réunir dans des édifices où ils ne puissent fatiguer que leurs semblables. Un local affecté aux magasins de fer, aux charrons et maréchaux, doit être amplement isolé. Ces professions doivent se placer communément dans l'enceinte n° 1, faubourgs, où le terrain est moins coûteux. On n'en doit admettre à la ville qu'un très-petit dépôt, mais, dans l'un ou l'autre lieu, le local doit être disposé comme il suit :

L'édifice n'aura d'ateliers et magasins qu'intérieurement; il formera un quartier séparé de tous les autres par des gazons ou plantations entre la rue et le bâtiment, qui doit être distant de 30 toises au moins des autres édifices. Le rez-de-chaussée, assigné aux ateliers, doit être muré sur les côtés extérieurs, et, pour prévenir le fracas, on peut fermer l'intérieur par une coupole vitrée, comme celle de la halle au blé de Paris.

La garantie de langage est une des dernières qu'on puisse établir, elle ne peut commencer qu'à l'époque où le peuple, pourvu du nécessaire et rentré en grâce avec la classe riche, s'y affectionne, s'efforce d'en copier les manières, et prend le ton du peuple d'Athènes, où les plus pauvres gens se piquaient de parler correctement.

On s'est apitoyé souvent sur cette bizarrerie de la Civilisation qui, avec ses perfectibilités, ne peut pas amener les peuples civilisés à s'entendre de nation à nation, pas même de province à province, car un Français de Paris ne comprend rien au jargon d'un paysan provençal.

Ce n'est pas l'instruction, la multiplication des écoles qui peuvent remédier à ce vice, mais le Ton. Il faut que le peuple arrive à un ton qui lui inspire le désir d'être présentable à la classe riche, de pouvoir sympathiser avec elle ; or, les moyens d'inoculer cet esprit au peuple tiennent au régime des garanties spirituelles ou affectives dont nous traiterons plus loin.

C'est encore au ton bien plus qu'aux écoles que le peuple devra (en Garantisme) l'habitude contractée déjà dans quelques villes, de s'initier aux arts, comme musique ou danse, et pouvoir figurer sur les théâtres. Il est une ville de France où le peuple y est habitué. Les ouvriers, à Toulouse, quittent leur atelier le soir pour aller figurer dans les chœurs du théâtre. C'est une branche de leur industrie, et l'on a, dans cette ville, des chœurs très-bons, et à peu de frais, tant à l'église qu'aux théâtres. Ce qui se fait à Toulouse pourrait avoir lieu dans tout autre pays, et tous les individus, même au village, seraient musiciens, si on avait pris, il y a cent ans, les mesures nécessaires. C'est un des moyens qui contribuent le plus à rapprocher le peuple et les grands. La classe riche aime beaucoup la musique, l'opéra, et ce serait entre elle et le peuple un lien très-puissant que cette faculté de trouver de bons choristes et danseurs dans les simples ouvriers, dans les moindres paysans, comme ceux de Bohême, qui chanteront à toutes parties, et avec beaucoup de justesse, un chœur sur lequel échoueraient les artistes de la plupart des théâtres de France.

Avant de songer à rendre le peuple musicien, il faut pourvoir d'abord à sa subsistance. Il est donc entendu que les mesures de garantie du nécessaire doivent avoir le 1er pas ; mais supposons cette garantie réalisée par des moyens dont on verra le détail aux sections suivantes, il deviendrait fort aisé de façonner le peuple à la musique. Tous les enfants ayant du goût à étudier quelque instrument, on réunirait d'abord ceux qui ont la justesse d'oreille, on en formerait un noyau de choristes qui chanterait aux offices de paroisse, et habituerait peu à peu a population entière à la justesse et l'harmonie musicale.

Les riches ne sont riches qu'à demi, tant que le peuple est pauvre ; s'ils voulaient calculer ce que leur coûte la pauvreté du peuple, de combien de plaisirs et de liens ils sont privés par cette pauvreté, ils verraient que le véritable ami des riches sera celui qui trouvera le moyen de mettre le peuple dans l'aisance graduée et relative, c'est de quoi je prétends les convaincre par la théorie du Garantisme ; après l'avoir lue, chacun s'écriera : nous ne serons vraiment riches que lorsque le peuple sera dans l'aisance.

Comment l'y amener ? Tout est à faire pour le peuple : nourriture, vêtement, logement, tout lui manque, et surtout le travail. On s'effraie à l'idée de pourvoir à tant de besoins et on s'étourdit sur le mal pour se dispenser de chercher le remède.

Si je disais qu'il faut faire pour le peuple non-seulement l'utile, mais encore l'agréable, chacun se récrierait : les riches croiraient qu'on va proposer des mesures coûteuses pour eux et se hâteraient de conclure qu'il suffit bien de pourvoir à l'utile, qu'il ne faut pas exciter le peuple au goût des plaisirs! Opinion de civilisés qui voient tout en simple et sont par instinct ennemis du composé. Si l'on ne fait que l'utile pour le peuple, il restera ennemi des grands , et les grands resteront inconciliables avec lui ; la Duplicité sociale ou discorde essentielle des classes continuera à régner, on aura manqué le Garantisme d'unité qui ne peut naître que d'un ordre où le peuple, jouissant de l'utile et de l'agréable, deviendra par cette raison agréable et utile aux riches.

Tel est le point de vue sous lequel il faut envisager le Garantisme. Il doit repousser toute spéculation simple. C'est la bévue qui fait échouer depuis 3000 ans nos philosophes; ils cherchent des Garanties simples et n'arrivent à aucune ; ils veulent ou feignent de vouloir procurer l'utile au peuple; on ne peut lui procurer que les 2 biens à la fois, l'utile et l'agréable. Cette destination de l'homme social a été suffisamment établie, soit dans le traité d'harmonie composée, soit dans le petit traité de Sérisophie (7e période, Tribus composées) qu'on vient de lire en 13e touche. Nous ne pouvons donc arriver au bien qu'en nous ralliant à cette règle de mouvement social, et nous isolant de l'esprit philosophique toujours enclin au simple, aheurté à nous procurer seulement l'utile dont il ne peut nous garantir aucune branche.

Pour me prêter aux convenances, je vais commencer à traiter de l'utile, tracer le plan d'exécution sans donner d'abord les moyens ; ils se trouveront dans les opérations qui garantissent à la fois l'agréable et l'utile.

CHAPITRE VIII.

DE LA TRIBU SIMPLE, OU ASSOCIATION DES MÉNAGES.

Ceux qui ont tardé plusieurs mille ans à faire des découvertes aussi faciles que l'étrier et la soupente [de voiture], ne doivent pas s'étonner d'ignorer encore des vérités fondamentales en politique sociale. La première est que le ménage conjugal ou individuel n'est pas fait pour le peuple. C'est un plaisir de gens riches, comme celui de rouler carrosse, mais le peuple est fait pour se passer de carrosse et de ménage, il doit aller à pied et vivre en pension, les gens mariés comme les non mariés. Le peuple est ruiné, malheureux, condamné aux privations perpétuelles, s'il est obligé de tenir ménage.

On a déjà vu dans le traité des périodes 7, Sérisophie, ou Tribus composées, et 6 1|2, ou tribu mixte, quelle immensité d'économies et d'agréments procure au peuple la réunion en grandes sociétés d'environ 6 et 400 personnes ; mais dans la période Sérisophie, il existe association d'industrie générale ou presque générale. Ici, au contraire, nous avons à spéculer sur des familles qui ne sont point associées d'industrie générale ; nous ne voulons que les associer de ménage, par tribus peu nombreuses et qui seront d'ordre simple, puisqu'elles ne seront sociétés *que de ménage et non d'industrie* ; elles devront être d'environ moitié numérique de celles d'ordre mixte, 7e période, soit 144 à 160 personnes par chaque Tribu simple.

Les lieux les moins cultivés peuvent comporter des réunions de 150 personnes, environ 30 familles. Il n'est guères de hameaux qui ne s'élèvent à ce nombre ; au reste, les exceptions n'infirment pas la règle, et quand même un petit nombre de montagnards serait obligé de rester en familles isolées, il n'en serait pas moins certain qu'une réunion domestique de 150 villageois peut se former à peu près dans tous pays cultivés, et à plus forte raison parmi le peuple des villes.

Répétons que c'est ici une spéculation pour le peuple et non pour les gens riches. La théorie du Garantisme n'a pas besoin de garantir aux riches ce qu'ils ont déjà, le bien-être domestique dans un ménage opulent ; mais le peuple et la bourgeoisie même, dans ses mesquins ménages, sont fort loin du bien-être domestique, et l'on peut assurer que si les tribus simples étaient organisées, aucune famille de 5 à 6 individus ne voudrait rester en ménage isolé, à moins de 6000 fr. de rente ; or, quel est le nombre des familles rentées à 6000 fr. ? à peine une sur cent. C'est donc à la totalité de la Civilisation que s'adapterait la Tribu simple, car elle conviendrait aux 99|100 qu'on peut bien compter pour le tout; d'ailleurs le Garantisme assure aux riches une foule de biens qui, sans rien changer à leurs habitudes de ménage, leur vaut de nombreux avantages vainement désirés en Civilisation; tels sont entre autres : la cessation des révolutions et excès de population, la perception facile des impôts, l'extrême diminution des guerres, la circulation directe, etc.

Il est surprenant que nos Économistes, soi-disant politiques, n'aient pas encore découvert en Économie une vérité connue de tous les soldats. C'est qu'il faut, lorsqu'on est pauvre, se réunir pour épargner les frais de ménage et améliorer sa misérable chère. Si les soldats, au lieu de faire la soupe de chambrée, faisaient chacun la leur, comment parviendraient-ils, avec leur chétive paie, à manger quelque chose de passable? Pour y réussir, ils font société de cuisine, se concertent pour l'achat des légumes; le caporal va au marché, assisté d'un soldat pour prévenir les grivelages. Ainsi la compagnie est fournisseur d'elle-même, sans passer par les mains d'un intermédiaire qui la grugerait en achats, ni d'un cuisinier salarié.

Tel est le modèle que doit suivre la Tribu simple, quoique dans un cadre plus vaste. Les gens du peuple réunis en masse d'environ 150, doivent s'associer pour le ménage seulement (je ne dis pas pour l'industrie); ils doivent observer les 2 règles suivies par les soldats : être fournisseurs et cuisiniers pour eux-mêmes et ainsi des autres fonctions de ménage, blanchissage, raccommodage, etc. J'ai cité la cuisine comme la principale et la plus adaptée aux spéculations de réunion économique.

Un grand fléau pour le peuple et la bourgeoisie, c'est la rareté des ménagères; on épouse une femme pour tenir le ménage, mais sera-t-elle apte à ce genre de service? J'ai démontré qu'il se montre à peine une ménagère sur 5 à 6 femmes, et que, par un effet qui nous paraît vicieux et qui est une disposition de haute sagesse, la femme qui est ménagère par caractère est en état de conduire, de régir 6 ménages et non pas 1.

Ainsi, sur une masse de 30 familles, on trouvera communément 5 à 6 ménagères. C'est tout ce qu'il en faut pour une tribu de 150 personnes; 6 femmes intelligentes la régiront d'autant mieux, qu'elles se partageront les fonctions; les unes dirigeront la cuisine, les autres la lingerie, et ainsi des autres emplois, et un résultat de cette gestion combinée sera de rendre ménagères la plupart de celles qui ne le sont pas. En Civilisation, en effet, telle femme opérerait assez bien dans les emplois secondaires et spéciaux, mais si vous lui donnez le tout à gérer, s'il faut qu'elle surveille à la fois cuisine, lingerie, blanchissage, cave, etc., sa tête n'y suffit pas, elle se rebute et prend en aversion la branche même qui lui aurait plu isolément. Cette femme sera à sa place dans la Tribu simple où elle ne s'occupera que de la portion du ménage qui lui platt, et qu'elle exercera en 2ᵉ, 3ᵉ rang, selon ses moyens connus. D'ailleurs la combinaison des travaux domestiques n'exigera guère que le tiers des femmes qu'emploie l'incohérence actuelle.

30 familles sont nécessaires dans cette réunion ; elle échouerait complètement à 10 ou 12 familles. Ce nombre ne se prêterait ni aux distributions matérielles ni aux distributions passionnelles qui exigent variété et classement progressif. 150 personnes des 2 sexes et de tout âge, c'est le moindre nombre que puisse comporter le classement dont nous devons ici nous occuper. Cette entreprise est infiniment facile en Civilisation. Dans les villages comme dans les villes, tout homme tant soit peu riche peut devenir sur ce point un messie social et changer la face du monde policé par la facile entreprise d'une tribu simple.

Examinons-la d'abord dans les détails de la subsistance, qui est l'objet le plus intéressant pour le peuple, et ne perdons pas de vue qu'il faut joindre l'agréable à l'utile, puisque la destinée de l'homme est composée, et que la philosophie échoue depuis 3000 ans pour avoir voulu spéculer en simple, établir l'utile sans l'agréable. Remplissons ce conditions quant à la subsistance, et observons que des gens pauvres ou même gens de fortune bornée ne peuvent, en fait de subsistance. réunir l'utile à l'agréable que dans le cas d'une nombreuse association.

J'ai vécu longtemps dans les pensions. Souvent parmi les invités se trouvaient des étrangers, des gens tenant bon ménage dans leur petite ville. et qui en voyant notre ordinaire s'écriaient avec étonnement : — Est-ce que vous êtes servis tous les jours de cette manière ? — Oui, oujours. — Mais vous payez donc bien cher ? — 2 francs par jour pour diner et souper. —Vous voulez dire 2 francs à chaque repas ? — Non, 2 francs les 2 repas. — Oh ! cela n'est pas possible ; votre maître de pension serait bientôt ruiné. — Il s'y ruine si peu qu'il y gagne sa vie — Mais c'est inconcevable ! on vous prodigue volailles fines, pâtisseries, jardinages délicats, desserts somptueux, le vin à discrétion. Peste si nous voulions faire une chère pareille dans nos ménages, nos revenus n'y brilleraient pas. — Là-dessus on faisait comprendre à ces étrangers qu'un homme travaillant pour servir 25 à 30 personnes en 2 tables a des moyens que n'a pas un petit ménage : premier principe que les économistes et moralistes ne savent pas mettre en pratique pour le peuple civilisé.

Passons à l'agréable. D'autres étrangers nous disaient : — Mais vous êtes bien gais, vous riez comme des bienheureux. On apprend avec vous toutes sortes de nouvelles ; chacun apporte la sienne, l'un sur le commerce, l'autre sur les spectacles, tel sur les femmes, tel sur la politique. On apprend un peu de tout à vos dîners, on y rit, on y mène une bonne vie. — Assez bonne. Eh! cela n'est donc pas si gai dans votre ménage? — Ah bon Dieu! ne m'en parlez pas — Cependant vous avez une femme aimable. — Oui, oui, tout ça est beau le premier mois. Tenez, j'aime bien ma femme; je n'en voudrais pas avoir d'autre, mais si ça était à refaire.... Ah! ne vous mariez pas. — Ça n'est donc pas gai comme chez nous? — Bah! de la gaîté dans nos petits ménages! C'est l'enfant qui piaille, c'est la ménagère qui gronde. C'est le diable! On est triste à table comme des hibous; il faudrait avoir tous les jours des amis, mais la dépense! Ah! nous ne faisons pas une chère comme vous. Au reste voici la belle saison, j'enverrai la femme et les enfants à la campagne, et sitôt qu'ils seront partis, je viendrai un peu rire avec vous.

La conclusion est que la gaîté à table n'habite pas dans les ménages pauvres; elle peut bien régner chez les Mondors, qui ont des ménages somptueux, mais nullement chez le bourgeois, et encore moins chez le peuple. Elle ne s'établit à table que dans les réunions amicales, artistement variées, car il y a des règles pour la composition des compagnies, et souvent telle réunion, fort gaie une année, devient morne une autre année par vice d'assortiment des caractères.

Sur ce 2ᵉ point comme sur le premier, une tribu simple de 150 personnes pourvoit à l'utile et l'agréable; jugeons-en par le détail du régime alimentaire d'une Tribu simple; et comme il faut envisager l'ensemble de ses fonctions, je vais donner du tout une description complète.

La maison est disposée de manière que les 30 ménages peuvent se rendre à couvert aux salles du repas. Je les suppose composées d'ouvriers qui en moyenne ne peuvent dépenser que 1 fr. par jour en nourriture, soit 150 fr. par jour, environ 5,500 fr. par an. Admettons que le fonds capital soit garanti, et on verra plus loin quels en seront les moyens, et je maintiens qu'avec la modique somme de 1 fr. par jour, ils auront la chère des bons ménages de la ville, et la gaîté dont dont on ne trouve pas l'ombre dans les ménages.

On voit déjà parmi nous un germe de combinaison sur la préparation des aliments, par la boulangerie et la brasserie. Un seul boulanger prépare pour 100 et 200 ménages, un brasseur pour 1000. Pourquoi les ménages n'ont-ils pas de même un seul traiteur? C'est que les fraudes commerciales ont un champ moins vaste en boulangerie, le commerce et la chimie n'ayant pas encore inventé un moyen de substituer à la farine quelque drogue malfaisante. On peut maintenir sur ce point l'industrie combinée qui tombe partout où s'introduit la fourberie, mais il est aisé de prévoir que les villes de construction harmonique présenteraient contre la fourberie des traiteurs une garantie suffisante, et qu'ils en viendraient bien vite à préparer pour 3 ou 400 ménages à la fois. Supposons 3 de ces grandes maisons contenant chacune 400 ménages, et où les propriétaires n'auront admis que des familles assez industrieuses ou assez aisées pour mériter crédit d'un mois sur la subsistance. Ces 3 maisons contiguës pourront se ménager une communication couverte, et la maison centrale fera la cuisine pour les 3, en la disposant pour 3 classes d'inégale fortune. On a vu ailleurs de quelle excellente chère et de quelle économie jouirait une telle réunion; elle ferait révolution à l'instant, et la vie de ménage tomberait à plat, excepté chez les gens riches : encore préféreraient-ils généralement se faire servir par la cuisine unitaire, comme ils se font servir par le boulanger. Il est entendu que les 300 familles ne se mettraient pas comme nos bourgeois à la discrétion d'un traiteur qui, selon son caprice, frelate les vins, détériore les mets, achète de basses qualités, etc. On aurait aux cuisines un comité de surveillants tirés des 300 familles, et les plus riches feraient un fond pour l'approvisionnement direct, et pour se mettre à l'abri des astuces mercantiles.

Dès ce moment, la révolution de vie domestique serait consommée, et la vie de ménage abandonnée : cette combinaison fondamentale donnerait bien vite naissance à toutes les autres. Malheureusement ceux qui spéculent sur des réunions, comme la société coopérative de Londres, comptent pour rien la cuisine et les 2 combinaisons qu'elle peut former, l'une matérielle, par la bonne chère et les facilités de la préparation en 4 classes; l'autre spirituelle, par la variété des réunions qu'on peut, dans une masse de 300 familles, assortir et varier au gré de tous les goûts. C'est donc sur la cuisine combinée qu'il faut spéculer avant tout pour atteindre au double charme qui est le vœu de tous les humains, et il est certain qu'on serait arrivé promptement à ce but, dans une ville construite selon les règles d'architecture unitaire ou harmonique, dont nos architectes n'ont eu aucune idée, et dont nos philosophes s'éloignent de plus en plus par leur théorie de fausse liberté, consacrant le morcellement des ménages, le mauvais goût, les caprices individuels, sacrifiant le beau à de folles illusions sur le bon, opposés aux garanties de jouissances collectives. On a cru sur leur parole que le sentier de la vertu était dans la mauvaise cuisine, les sales habitations et les fourberies mercantiles. On peut juger maintenant quel crédit méritent ces visions qui prétendent faire régner le bon aux dépens du beau et protéger la fourberie sous prétexte de liberté individuelle, et qui repousse tout principe sur la solidarité des individus pour les jouissances de la masse, la solidarité des masses pour contribuer aux plaisirs et subvenir aux besoins de l'individu. En Civilisation, loin que la masse concoure aux plaisirs de l'individu, elle ne veut pas même coopérer pour satisfaire ses besoins, et l'on ose, dans un pareil état social, parler de garantie , de perfectionnement social !

Une des erreurs de la politique civilisée est de compter pour rien le plaisir, ignorer qu'il doit entrer pour moitié dans toute spéculation sur le bonheur social. C'est la morale qui fausse ainsi les esprits sur ce point, et qui les engage dans cette politique simple, spéculant sur l'utile sans y joindre l'agréable. Qu'en résulte-t-il ? Qu'elle ne peut pas procurer l'utile aux sociétés humaines, le nécessaire et le travail au peuple.

On croit raisonner sagement en disant : il n'est pas bien d'habituer le peuple aux plaisirs, il faudrait seulement pouvoir lui assurer le nécessaire. Vous n'y réussirez jamais sans lui procurer en même temps le plaisir. Dieu a fait de l'homme un être composé, et non pas simple. Sa destinée collective, le destin des sociétés humaines, est composé et non pas simple. Elles doivent tendre au bon et au beau réunis, ne jamais séparer dans leurs vues l'agréable de l'utile, sinon elles n'arriveront ni à l'un ni à l'autre, et tomberont, comme le peuple anglais, dans l'extrême pauvreté à force d'industrie. Qu'on ne cite pas quelques exceptions de colonies naissantes, où la rareté de bras et l'abondance des terres procurent au peuple une aisance momentanée, elle cessera bien vite par l'accroissement de population. D'ailleurs, ces petites exceptions confirment la règle que les sociétés doivent tendre au beau et au bon à la fois, et ne peuvent pas arriver à l'un des deux isolément. La morale qui nous prêche le contraire, qui veut qu'on n'envisage que le bon, que l'utile, sans tendre au beau et au plaisir, est la plus trompeuse des sciences, le véritable ennemi de l'homme, car c'est elle qui lui a faussé le génie en politique sociale, et qui le jette dans l'anarchie simple, le détourne des vues de progrès composés, tendance au beau et au bon réunis.

J'ai dû établir cette thèse par un exemple très-matériel et très-sensuel, tiré des plaisirs de la vue, du tact et du goût, dont la voie se trouve dans l'architecture unitaire. Je pourrais établir même démonstration sur les autres sens, et prouver que si on spéculait sur l'ouïe, un moyen de donner l'oreille musicale à la nation la plus fausse d'oreille, aux Français, on n'y parviendrait que par des méthodes et dispositions qui seraient en même temps voie de progrès social et d'acheminement à d'autres garanties que celle de l'ouïe. C'est donc une grande erreur de prétendre que les sens sont des guides trompeurs, comme l'enseigne la morale ; ils sont au contraire des guides très-sûrs en progrès social, pourvu qu'on spécule sur le produit des sens en mode composé, *collectif et intégral*, en application à la masse du peuple entier, et non pas à quelques riches , selon les procédés de nos sciences économiques, dont les fruits ne s'étendent qu'aux classes riche ou moyenne.

Appuyons la thèse d'un exemple tiré du sens le plus impérieux, qui est celui du goût ; examinons les résultats du développement de ce sens en mode composé, collectif et intégral, et en mode simple, individuel et incomplet.

Le goût de la bonne chère n'entraîne les individus qu'à des dépenses ruineuses, des excès préjudiciables ; mais ce goût de bonne chère devient une voie de haute harmonie sociale, s'il est appliqué à la plus grande réunion domestique, 3 à 400 familles. Il devient alors voie d'économie et de concorde par le charme de variété des compagnies, assortiment des caractères et des intrigues, auxquelles se joint le plaisir sensuel. Dans ce cas, l'exercice du sens du goût devient :

Composé, allié à un plaisir spirituel, celui des compagnies intriguées et variées ;

Collectif, étendu à la masse entière par les 3 degrés de chères culinaires ;

Intégral, embrassant toutes les branches et relations qui tiennent au régime des subsistances.

Ainsi la nature, ou Attraction, soit en plaisirs sensuels, soit en plaisirs spirituels, est toujours un guide sûr, pourvu que l'homme sache l'employer selon le mode voulu par Dieu, qui est l'application aux masses les plus nombreuses possible. Je viens d'appliquer cette règle à un plaisir sensuel, qui paraît le plus étranger à la politique sociale. C'est l'architecture combinée, jouissance pour la vue et le tact; on a vu qu'elle conduit très-directement à la branche la plus importante d'association, celle du régime unitaire des subsistances en préparation et consommation.

Là finissent les diatribes de la morale contre les sens, dont on peut dire, comme des autres branches d'attraction : Dieu fit bien tout ce qu'il fit, et il n'y a de vicieux, dans nos passions, que la fausse direction donnée par le mécanisme civilisé, qui les développe, — en essor simple et non composé, — en essor individuel et non collectif, — en essor partiel et non intégral.

C'est de l'accomplissement de ces 3 conditions que dépend l'accord du beau et du bon emploi des sens.